AF237081

Tantrisch meditieren (lernen)

Wege zum Glücksdepot

MEDITATIONSTEXTE FÜR DEN YOGAUNTERRICHT

Kathrin Rottmann

Audio Version des Kurses unter: www.selfandcalm.com

Herstellung und Verlag: BoD – Books on Demand, Norderstedt

ISBN Printausgabe / E-Book: 9783754351291

2. Auflage 2021

Bibliografische Information der Deutschen Nationalbibliothek:

Die Deutsche Nationalbibliothek verzeichnet diese
Publikation in der Deutschen Nationalbibliothek;
detaillierte bibliografische Daten sind im Internet über
http://dnb.d-nb.de abrufbar.

Inhaltsverzeichnis

3

Vorwort

Ich stelle hier die vollständigen Texte des Meditationskurses „Tantrisch meditieren lernen" zur Verfügung. Dieser Kurs ist durch die Inspiration der tantrischen Philosophie und meiner Lehrerin Sally Kempton entstanden. Er fasst ein Wissen zusammen, das allen zur Verfügung steht, die sich aus tiefstem Herzen dieser Traditionslinie zuwenden.

Ich freue mich, wenn diese Texte Lehrer*innen dabei unterstützen, Meditationen anzuleiten. Ist es doch unser Bestreben, einer großen Anzahl an Schüler*innen Wege aufzuzeigen, die sie an innerliche Orte führen, die erfüllt sind von Frieden und Glückseligkeit.

Möge jede/r von uns ein Stück dazu beitragen, dass die Leuchtkraft unserer Essenz die Welt zunehmend erhellt.

Kathrin Rottmann
7. Okt. 2021

Ziel und Aufbau des Kurses

Dieser Kurs führt die Teilnehmer*innen an tief beglückende Orte in ihrem Innern und ermöglicht einen freudvollen Einstieg in die tantrische Meditation.

Jede Meditation führt Schritt für Schritt an innere Orte, die weit, ruhig und von fein schwingender Zufriedenheit sind.

Gleichzeitig ist jede Meditation Teil der nächsten, so dass die innere Landkarte durch diesen Kurs kontinuierlich umfassender und detaillierter wird. Dadurch gelingt es immer besser, die Wege zum inneren Glücksdepot zu finden.

Der Kurs beginnt damit, ganz konkrete Orte im Körper, beispielsweise das Becken oder den Herz- und den Kopf-Raum, ins Bewusstsein zu bringen. Durch die nachfolgenden Einheiten gelangen wir dann immer tiefer in diese innere Landschaft.

Der Kurs macht vertraut mit dem Ursprungsort des Zentralkanals, der Quelle des Lichts im Herzraum, dem kraftvollen Portal am Gaumen (Talu Chakra) und unterschiedlichen Orten und Wegstrecken im Kopf.

Die ersten fünf Einheiten vermitteln die grundlegenden Methoden, bei denen allein schon das Üben und Verinnerlichen Freude bereitet. Sind die Teilnehmer*innen dann vertraut mit ihrer inneren Landschaft, führen die Meditationen der zweiten Hälfte dieses Kurses in immer subtilere und erfüllendere Erfahrungen.

Eine kurze

„Gebrauchsanweisung"

Absätze und Zeilenwechsel sind so dargestellt, dass sie ein flüssiges Anleiten der Meditationen erleichtern.

Pünktchen ... empfehlen ein Innehalten im Sprachfluss.

Die vertikalen Punkte sind Empfehlungen für eine längere Sprechpause:

. kurze Sprechpause

.. mittellange Sprechpause

... längere Sprechpause

Das eigene „durchdrungen sein" von der Meditation wirkt sich maßgeblich auf die Anleitung und ihre Wirkung bei den Praktizierenden aus. Darum ist es obligatorisch, die Meditationen selbst einige Male zu praktizieren.

Wenn du die Meditationen anleitest, kannst du dich genau an den Wortlaut halten. Du kannst aber auch der Weisheit in dir folgen, die dich mit der Zeit deine eigenen Worte finden lässt.

Ich wünsche dir viel Freude beim Anleiten der Meditationen.

Mit der tiefen Bedeutung des Wortes verneige ich mich vor dir mit einem Namasté.

Kurzbeschreibung der Einheiten

Atembeobachtung

In dieser ersten Einheit geht es um die reine Atembeobachtung, die die Grundlage aller Meditationen ist.

Auf dem Weg durch deine innere Landschaft hin zum Glücksdepot in dir, ist die Atembeobachtung vergleichbar mit dem „Losgehen". Wir können uns die schönsten Landschaften vorstellen, aber um sie selbst zu erleben, kommen wir nicht drum herum, loszugehen. Sind wir einmal losgegangen, erleben wir oft, dass allein das Gehen herrlich ist. Und so ist es mit der Atembeobachtung. Sie ist der Anfang des Weges und kann uns gleichzeitig schon in tiefe, ruhige und erfüllende Zustände führen.

Eine leichte, feine Meditation.

Drei Atemräume

Wir beginnen durch unsere innere Landschaft zu gehen, uns umzuschauen und machen uns mit Richtungen vertraut, die uns zum Glücksdepot führen. Wir fließen in dieser Meditation durch die drei großen Atemräume Becken, Herz und Kopf und beobachten mit sanfter Aufmerksamkeit, wie der Atem sie durchströmt.

Eine Meditation, die wie eine erste Landkarte für unsere innere Landschaft ist.

Eine leichte Meditation mit schöner Aussicht.

Zentralkanal-Atmung

Die drei erkundeten Räume sind durch einen Zentralkanal miteinander verbunden. Dieser Verbindung folgen wir, wenn wir mit der Aufmerksamkeit entlang des Zentralkanals von Atemraum zu Atemraum fließen.

Eine Meditation, die etwas mehr Aufmerksamkeit erfordert, aber dennoch gut und leicht nachvollziehbar ist, auch mit wenig Meditationserfahrung. Für Fortgeschrittene ist es eine Einführung in diese spezielle Atemlenkung. Hat man noch wenig Meditationserfahrung kann sie gut am Anfang einer jeden Meditation geübt werden.

Zwerchfell-Atmung

Dies ist eine Einheit, bei der wir uns mit dem Zwerchfell und der Zwerchfell-Atmung vertraut machen. Die Zwerchfell-Atmung ist ein kraftvolles Fahrzeug für unsere Reise durch unsere innere Landschaft und zu unserem Glücksdepot.

Wir werden das bis hier Erlernte anwenden und mit einer vertieften Atmung durch den Zentralkanal und unsere drei großen Atemräume reisen.

Eine Meditation, um sich mit den Methoden weiter vertraut zu machen.

Erhellend für Anfänger und Fortgeschrittene.

Teilstrecken

Nachdem wir zu Beginn dieser Einheit erforschen, wo der Zentralkanal beginnt, werden wir uns anschließend Teilstrecken unserer inneren Landschaft anschauen, von der jede für sich ihre eigene Qualität und Schönheit besitzt.

Eine Meditation, bei der es mehr um die Erforschung des Terrains und weniger um Visualisierung geht. Gibt Einsteigern eine Orientierung und Fortgeschrittenen eine Vertiefung.

Ein schöner Weg durch unser inneres Terrain, der die ersten Einheiten zusammenfügt.

Erblühende Landschaften

Mit sanfter Unterstützung des Zwerchfells machen wir uns auf den Weg in die Tiefe, wo sich eine blühende Landschaft voller Schönheit und Licht offenbart.

Eine Meditation auf den nun bekannten Wegen mit Visualisierung. Schön für jeden.

Weg zum Licht: Der Gaumen

Nachdem wir uns über bekannte Wege und die Zentralkanal-Atmung nach innen bewegt haben, lassen wir den Atem entlang des weichen Gaumens strömen. Das hier vorhandene Portal ermöglicht einen Blick in die Essenz, die uns zugrunde liegt. Wie bei einer Wolkendecke, die hier und da aufreißt und einen Blick auf den blauen Himmel dahinter freigibt (Bild von Rupert Spira in seinem Buch "Bewusstsein Bewusst sein").

Eine anspruchsvolle Meditation, die uns einen tiefen Blick in einen Aspekt unserer wahren Natur gewähren kann.

Tropfen

Unser Weg führt uns in dieser Meditation in die Weite unseres Kopfes. Von wo aus wir, mit Hilfe eines Tropfens, auch den Bewusstseinsraum des Halses und des Herzens weit werden lassen.

Alle drei Räume werden zu einem einzigen, pulsierenden, weiten Raum.

Eine anspruchsvolle Meditation, die durch Konzentration und Visualisierung ihre Magie entwickelt.

Weg zur Quelle

Wir reisen zur Quelle unserer Intuition und Weisheit. Ein lichtvoller Ort, mit dem wir eins werden.

Eine subtile, tiefe Meditation, die auch Freude bereitet, wenn die inneren Bilder dazu noch nicht so klar sind.

Weg zum inneren Frieden

Diese Meditation führt über neue Wege hin in einen Raum schönsten Friedens.

Eine Meditation, die besonders für Fortgeschrittene ein Genuss ist und eine ganz besondere Erfahrung schenken möchte.

1. Atembeobachtung

Sei ganz herzlich willkommen zu diesem Kurs, der dich mit Wegen zum Glücksdepot in dir vertraut macht.

Dieser Kurs ist ganz praktisch ausgerichtet. Das heißt, ich werde dir in jeder Einheit ganz kurz den Weg beschreiben, den wir in der jeweiligen Meditation zusammen gehen. Anschließend wird es direkt losgehen, so dass du genug Zeit für persönliche Erfahrungen hast.

Denn in diesem Kurs geht es um Erfahrungen von Empfindungen wie Frieden, Freude und Zufriedenheit, die unabhängig von äußeren Umständen sind.

Jeder hier in diesem Kurs beschriebene Weg durch deine innere Landschaft ist in sich vollständig und bringt dich zu einer Quelle von Freude und Frieden in dir.

Gleichzeitig ist jede dieser Meditationen Grundlage und Teil der nächsten. Kennst du einmal den Weg, offenbaren sich diese Erfahrungen immer leichter und mit der Zeit auf immer tiefere und erfüllendere Weise.

Bevor wir beginnen: mach dir bitte keine Gedanken über deine Gedanken, die wahrscheinlich immer wieder laut oder auch leise in dir zu hören sein werden. Wir können, und wenn wir es genau betrachten, wollen wir unsere Gedanken auch nicht abstellen. Wir wollen ja auch unseren Herzschlag nicht abstellen oder unsere Verdauung. Unser Gehirn produziert Gedanken. Das ist seine Aufgabe. Aber es gibt einen Trick, weise mit der Gedanken umzugehen, die während der Meditation auftauchen und nicht sinnführend sind. Der Trick heißt: Freundlichkeit und Wertschätzung. Wenn du also merkst, dass dein Geist sehr aktiv ist, dann registriere das freundlich und wertschätze seine Aktivität als etwas Kostbares in dir. Das meine ich wirklich so!

Überlege mal, was du ohne deine Fähigkeit zu denken wärst.

Bitte also deinen Geist dich dabei zu unterstützen, z.b. den Atem zu beobachten.

Wenn die Gedanken dann, oft schon nach kurzer Zeit, wieder auftauchen, wiederhole Folgendes:

Gedanken freundlich wahrnehmen, wertschätzen und zurück zum Objekt bringen, das du betrachten willst.

Mit der Zeit wird dieses *geistige Bodybuilding* einen Bewusstseinsraum schaffen, der so weit ist, dass der Gedankenstrom in deinem Kopf nicht mehr stört, sondern nur eine von vielen Erfahrungen in der Wahrnehmung ist.

Grundsätzlich gilt, je entspannter und freundlicher deine innere Haltung zu dir selbst in der Meditation ist, umso leichter offenbaren sich Erfahrungen von Frieden, Freude und Glück.

Lass uns beginnen.

Du kannst dich für die Meditationen dieses Kurses auf dein Meditationskissen am Boden setzen. Das ist prima, wenn du geübt bist.

Du kannst aber auch auf einem Stuhl oder dem Sofa sitzen. In diesem Fall möchte ich dich bitten, ein festes Kissen an den unteren Rücken zu legen, so dass deine Wirbelsäule aufgerichtet ist.

.

Und in welcher Weise du jetzt auch sitzt, zieh bitte noch einmal deine Oberschenkelansätze und die Pobacken mit den Händen etwas nach hinten.

Also, richtig mit beiden Händen die Oberschenkel und den Poansatz packen und nach hinten ausstreichen. Das ermöglicht der unteren

Wirbelsäule in ihre natürliche Kurve, nämlich in eine leichte Innenwölbung, zu kommen.

.

Dann legen sich die Hände entweder mit den Handflächen nach oben oder nach unten auf die Oberschenkel.

Wenn du jetzt das Steißbein mit der nächsten Ausatmung noch ein klein bisschen nach unten ziehst kannst du beobachten, dass die Innenwölbung der Lendenwirbelsäule lang wird und sie sich fast von alleine nach oben aufrichtet.

.

Um die Aufrichtung noch etwas zu unterstützen, stell dir jetzt bitte vor, dass du zwei Ballons unter den Achselhöhlen hast, die deinen Oberkörper nach oben tragen.

Dein Rumpf wird lang und hebt sich aus dem Becken heraus.

.

So lang und aufgerichtet bleibt es, wenn nun die Oberarme etwas nach hinten ziehen. Dadurch erfährst du Stütze auf der Rückseite und der Herzraum wird weit und ein bisschen heller.

Indem du dir jetzt noch vorstellst, dass du deinen Hinterkopf nach hinten oben in eine ganz weiche Kapuze hinein streben lässt, wird auch noch der Nacken lang.

Die Weichheit der Kapuze geht weiter nach vorne über deine Augen, die sich ganz sanft schließen ... und während die Weichheit weiter über dein Gesicht fließt, wird durch diese zarte Berührung die Gesichtshaut ganz weit und glatt.

.

Deine Kiefergelenke sind gelöst.

.

Die Lippen berühren sich, wenn überhaupt, nur ganz fein.

.

Die Augenlider sind lang und glatt. Das obere Augenlid berührt nur ganz sanft das untere ...

Auch die Muskulatur um deine Augen herum wird jetzt ganz weit. Und es ist, als würden die Knochen rund um deine Augen herum etwas auseinanderdriften.

Das nimmt ganz von selbst deinen Blick zurück, so dass du jetzt von innen an deine Augenlider und an deine Stirn schauen kannst.

.

Nimm den Raum wahr, der sich dir hier offenbart, wenn du so in den Kopf blickst.

Nimm die Breite dieses Raumes wahr.

Seine Höhe.

Seine Tiefe.

Sein ganzes Volumen.

.

In diesen weiten Raum strömt jetzt der Atem ein.

.

Sanft an den Nasenwänden entlang breitet er sich wie frische Luft in deinem Kopf aus ... und ausatmend sinkt und entspannt es nach unten.

.

Einatmend kühle Frische in den Kopf, ausatmend sinken Schwebeteilchen, die sich noch in diesem freien, weiten Raum bewegen, nach unten.

.

Ein, kühle Frische,

aus, nach unten sinkende Ruhe …

Nun ist der Weg frei und die Einatmung fließt durch den frischen, klaren Kopf weit nach unten in den Beckenraum. Ausatmend tief nach unten entspannen.

Nun kannst du dich innerlich zurücklehnen und ganz entspannt die Bewegung deiner Bauchdecke beobachten.

Die Ausdehnung, das weit werden bei der Einatmung und das nach innen sinken, wenn es ausatmet.

.

Mehr ist nicht zu tun.

.

Du entspannst immer mehr hinein in den Beobachter, der friedlich der Atmung zuschaut, wie sie den Becken- und Bauchraum erfüllt und entspannt.

.

.

Dies ist ein Tor zum Glücksdepot in dir: die sanfte Betrachtung des Atems in seinem freien, friedlichen Fluss.

.

Tief entspannend, beruhigend, erfüllend.

.

.

Mit der nächsten Ausatmung strebt deine Aufmerksamkeit nach oben zu deiner Nase.

Beobachte nun hier, wie deine Atmung durch die Nase ein- und ausströmt.

Auch hier gibt es nichts weiter für dich zu tun, als diese zarte Berührung des Atems an und in deiner Nase zu betrachten.

.

.

Wenn deine Gedanken deine Aufmerksamkeit auf sich gezogen haben, lenke sie *Kraft deines Geistes* wieder sanft auf das friedliche Schwingen deines Atems.

.

.

Auch diese Betrachtung des Atems an der Nase ist ein Weg zum Glücksdepot in dir. Jedes Mal, wenn du deine Atmung auf diese Weise betrachtest, öffnet sich etwas in dir. Durch diese Öffnung scheint etwas aus der Tiefe deines Seins auf, das zufrieden und von ganz fein schwingender Freude ist.

.

.

.

Lass nun bitte deine Atmung wieder ganz sanft tiefer werden.

.

Ganz bewusst schicke deine Atmung durch die Beine in die Füße bis zu den Fußspitzen.

.

Tief einatmen und die nächste Ausatmung durch die Arme, die Hände bis in die Fingerspitzen schicken.

.

Wenn du gleich durch das Öffnen deiner Augen wieder in Kontakt mit der Außenwelt kommst, kann ein Teil deiner Aufmerksamkeit noch bei deiner Atmung bleiben.

.

Im Laufe des Tages kannst du immer wieder für kurze, innige Momente deine Aufmerksamkeit auf deine Atmung richten und auf ihre Bewegung in dir.

So wünsche ich dir einen entspannten und erfüllenden Tag und freue mich auf die zweite Einheit mit dir, bei der wir drei große Atemräume erforschen werden.

Namasté

2. Drei Atemräume

Sei ganz herzlich willkommen zur zweiten Einheit dieses Kurses, bei dem wir uns auf den Weg zum Glücksdepot in uns machen. Wir haben gestern, in der ersten Einheit, unsere Aufmerksamkeit ganz auf die Atembeobachtung gerichtet. Vielleicht konntest du schon die Erfahrung machen, dass uns der Atem an einen Ort führt, der voller Frieden ist - und auf eine Art und Weise erfüllend, die wir sonst im Alltag nicht kennen.

In der Meditation heute möchte ich diese Atembeobachtung ausdehnen auf drei Haupt-Atemräume, in denen wir unseren Atem in unserem Körper wahrnehmen können.

Für diese Meditation finde bitte wieder einen bequemen, aufrechten, aber auch gleichzeitig stabilen Sitz.

Das heißt, sitze gut geerdet und mit einer aufgerichteten Wirbelsäule, die sich entspannt aufrichten kann, entweder frei oder wenn es nötig ist, lehne dich so an, so dass du gerade sitzen kannst und der Kopf in etwa über dem Becken ist.

Für welche Sitzhaltung du dich auch entschieden hast: greif bitte noch einmal deine Oberschenkel und streiche sie nach hinten aus. Damit erdest du deinen Körper und kommst, vielleicht bemerkst du es, etwas weiter oben auf deinen Sitzbeinen zum Sitzen.

Wenn du jetzt das Steißbein sanft nach unten ziehst, wird der Rücken lang und es entsteht fast von selbst ein Impuls, die Seiten deines Körpers lang werden zu lassen. Dafür stell' dir vor, dass deine Achselhöhlen, die ganz weit und offen sind, etwas nach oben streben. Auf diesen Räumen rollen die Schultern ein bisschen nach hinten und lassen dann aber wieder los.

Das heißt, die Seiten bleiben ganz lang, während gleichzeitig die Schultern auf diesen beiden langen Seiten nach unten entspannen und die Schulterblätter liebevoll von hinten deine Aufrichtung stützen.

Nun schiebt der Hinterkopf ganz zart nach hinten oben, die Haut des Nackens fließt hoch, wird förmlich angezogen von der Weichheit der Kapuze, die wir uns vorstellen.

.

Und dann fließt es sanft entspannend über das Gesicht wieder nach unten.

.

Die Augenlider werden glatt.

.

Die Haut im Gesicht entspannt und wird weit.

.

Die Kiefergelenke lösen sich, so dass sich die beiden Zahnreihen nicht mehr berühren.

.

Die Muskulatur um deine Augen herum entspannt, wird weit ... und strebt ein wenig auseinander ... dass ganz natürlich dein Blick nach innen geht.

.

So, nun äußerlich ganz stabil und aufrecht wie ein Berg und innerlich sanft und gleichzeitig würdevoll, bitte ich dich, deine Aufmerksamkeit auf deinen Atem zu lenken.

.

Ganz ruhig fließt er durch die Nasenlöcher ein und aus.

Etwas kühl in der Einatmung und warm und wohlig in der Ausatmung. Für einige Atemzüge gebe dich der Beobachtung dieses Rhythmus hin.

.

.

Nun, mit einer etwas tieferen Einatmung, erlaube dem Atem, deinem Bewusstsein durch den Körper bis in dein Becken zu folgen. Hier bitte ich dich, erneut zu beobachten, wie sich die Bauchdecke friedlich hebt und senkt.

.

Innerlich zurückgelehnt, interessiert und liebevoll beobachtend nimmst du wahr, wie dein Atem sich im Beckenraum einatmend ausdehnt ... und entspannend mit der Ausatmung löst.

.

.

.

Lass jetzt bitte mit der nächsten Ausatmung deine Aufmerksamkeit nach oben in deine Herzgegend fließen. Deine Atmung berührt dich hier ganz sanft.

.

.

Ein neuer, sich vielleicht ganz anders anfühlender Raum.

.

Erlaube ihm, dass er sich dir offenbart. Suche nichts.

.

Lasse dich von deinem Atem führen und empfange die Empfindungen, die hier aufsteigen, während du einatmest und der ganze Brustkorb, dein Herzraum, sich ausdehnt ...

und ausatmend hier zu einer Quelle sinkt, die dich anzieht,

um sich dann mit der Einatmung auszudehnen.

Lass dich für einen Moment immer mehr entspannend ein auf dieses „geführt werden" in diesen inneren, hellen Raum deines Herzens.

.

.

Vielleicht ist der Atem ganz zart. Du musst richtig genau hinschauen, wohin er dich führt.

Oder vielleicht ist er kraftvoll.

Vertraue ihm, er kennt den Weg.

.

.

.

Mit der nächsten Ausatmung fließt deine Aufmerksamkeit vom Herz nach oben in den Kopf.

Noch einmal wird die Haut des Nackens etwas länger. Du bringst deine sanfte Aufmerksamkeit in die Mitte deines Kopfes.

Es ist so, als würdest du *in* deinen Kopf hineinblicken.

Mit der nächsten Einatmung dehnen sich nun dein ganzer Kopf, dein Gesicht, deine Schläfen und dein Hinterkopf weit aus ...

um ausatmend fließend nach innen sinken. Hin, wieder zu einem Ort, der dich anzieht, um sich dann von hier aus einatmend wieder auszudehnen.

Umso mehr du dich dem Rhythmus deines Atems hingibst, umso mehr du ihm vertraust, umso weiter wird es in uns und umso mehr kann aus der Tiefe aufscheinen.

.

.

.

Nun bitte wieder etwas tiefer atmen

.

und mit der nächsten Einatmung die Aufmerksamkeit vom Kopf zurück ins Becken lenken.

um noch einmal, ausatmend vom Becken, durch den Herzraum wieder zum Kopf zu fließen.

Tief einatmen und den ganzen Körper mit der Energie, die der Atem bringt füllen ...

und mit der Ausatmung den Frieden, der in dir ist, von innen, durch den Körper nach außen strömen zu lassen.

Wenn du jetzt gleich die Augen öffnest, bleibt ein Teil von dir verbunden mit diesem inneren Raum, der erfüllt von Frieden ist und durch dich durchleuchtet.

So wünsche ich dir auch einen friedvollen Tag oder, dass du dir den Frieden erhältst, sollte das Leben heute um dich herum etwas wilder werden.

Namasté

3. Zentralkanal-Atmung

Einen schönen guten Morgen, guten Abend oder guten Tag. Welche Zeit auch immer jetzt bei dir sein mag, sei wieder ganz herzlich willkommen.

Die Intention dieses Kurses ist, dass dir jede Meditation einen Weg hin zu dem Ort in dir weist, der erfüllt von Frieden und ja, von Glückseligkeit, ist.

Gleichzeitig ist jede dieser Meditationen Teil und auch Grundlage der folgenden.

Wir hatten in der ersten Einheit die reine Atembeobachtung. Allein das ist wundervoll und wertvoll.

In der letzten Einheit haben wir diese Atembeobachtung ausgeweitet und haben geschaut, wie sich der Atem in drei unterschiedlichen, großen Räumen unseres Körpers ausbreitet.

Vielleicht konntest du schon die Erfahrung machen, dass die Qualität, mit der der Atem diese Räume durchströmt, sich in jedem der Räume ein wenig anders anfühlt, und die Fülle, die sich zeigt, an Empfindungen, an Frieden, in jedem dieser Atemräume ein klein wenig anders ist.

Diese drei Atemräume werden wir jetzt in der Meditation miteinander verbinden.

Dafür nimm nun bitte deine Meditationshaltung ein.

Falls du es noch nicht gemacht hast, zieh noch einmal deine Oberschenkelansätze etwas nach hinten.

Platziere deine Hände liebevoll auf deinen Oberschenkeln

und dann lass mit der Ausatmung das Steißbein ein wenig nach unten erden ... und so auch deine Aufmerksamkeit in den Boden unter dir sinken.

Diese kleine Geste erdet und verbindet dich mit dem Boden unter dir, der gleichzeitig Ruhe und Stabilität auf dich ausstrahlt.

.

So, gut geerdet, lass die Seiten lang werden, wenn du jetzt die Schultern nach oben nimmst und ganz langsam die Oberarme nach hinten führst. Das richtet dich ganz sanft von innen auf ... und wenn jetzt der Hinterkopf ganz zart in eine gedachte weiche Kapuze hineinschiebt, wird der Nacken lang und das Gesicht entspannt.

Der Unterkiefer löst sich nach unten. Dadurch entsteht Raum in den Kiefergelenken und in den Ohren.

.

Dann entspannt die Muskulatur um die Augen herum und strebt ein bisschen auseinander.

.

Es ist, als würde die Haut des Gesichtes ganz zart nach hinten gezogen werden. Das bringt deine Aufmerksamkeit noch mehr nach hinten in deinen Kopf, was sich beruhigend auf dein ganzes System auswirkt.

.

Und so, ganz wunderbar ausgerichtet, lass jetzt deine Aufmerksamkeit zu deinem Atem gleiten und beobachte und begrüße ihn, wie er durch die Nase ein- und ausströmt.

.

Einatmend, eine klare, frische Kühle,

ausatmend eine wohlige Wärme.

.

Innerlich entspannt zurückgelehnt beobachtest du deinen Atem und gibst dich für einige Momente diesem gleichmäßigen Rhythmus hin.

.

.

Mit der nächsten Ausatmung fließt deine Aufmerksamkeit nach unten in den Beckenraum.

Einatmen, Ausdehnung hier

ausatmend fließt die Aufmerksamkeit nach oben in den Herzraum, wo es tief entspannt und sich dann mit einer Einatmung weit und gleichmäßig in alle Richtungen ausdehnt.

Ausatmend geht es kraftvoll nach oben in die Mitte des Kopfes, von wo aus es sich jetzt mit der Einatmung in die Weite ausdehnt.

Ausatmend durch die Mitte des Körpers wieder zurück nach unten ins Becken, wo sich die Einatmung, durch den leichten Widerstand der Sitzunterlage, gut zu allen Seiten ausbreiten kann.

Um dann mit einer tiefen Ausatmung in die Mitte unter das Brustbein aufzusteigen.

Einatmen, gleichmäßige Ausdehnung, auch in die Rückseite des Herzens, um dann wieder nach oben in die Mitte des Kopfes aufzusteigen.

Ganz tief dort hinein entspannen ... um den Raum zu schaffen, der sich dann wieder mit der Einatmung ausdehnt.

Ausatmend zurück nach unten, durch die Mitte des Körpers wieder ins Becken.

Jetzt gebe ich dir zwei Minuten, in denen ich mich etwas im Hintergrund halte und in denen du in deiner Zeit entlang des Zentralkanals von Atemraum zu Atemraum auf- und absteigen kannst.

.

.

Wenn du bemerkst, dass deine Gedanken davonfliegen, nimm das freundlich wahr und bitte sie für eine kleine Weile, dich dabei zu unterstützen, deine Aufmerksamkeit hineinzubringen in den Atem und in die Schönheit, die entsteht, wenn er zusammen mit deiner Aufmerksamkeit entlang des Zentralkanals von Atemraum zu Atemraum fließt.

.

.

.

Entspann dich immer mehr hinein in diesen Rhythmus und sei gewiss, je mehr du entspannst und je weniger du willst, umso leichter trittst du ein in einen Zustand, der erfüllt ist von Frieden und ganz fein schwingendem Glück.

.

.

Nun lass deinen Atem langsam wieder intensiver werden.

Atme einmal tief ein und lösend aus.

.

Dann bitte ich dich noch einmal tief einzuatmen und dir vorzustellen, dass du den Atem bis in die Finger und die Fußspitzen schickst, ausatmend wohlig entspannend.

.

Einatmend nochmal nach unten erden, die Kontaktfläche des Körpers am Boden wahrnehmen

und ausatmend wachse über die Krone deines Kopfes hinaus und werde lang und groß.

Diese Zentralkanal-Atmung ist tatsächlich eine meiner liebsten Meditationen. Ich beginne jede meiner Meditationen damit und lasse mich nach einer kleinen Weile vom Atem führen. Ich vertraue darauf, weil ich die Erfahrung gemacht habe, wenn ich gegenwärtig bleibe ist es das Einzige, was ich dazu beitragen brauche, damit der Atem mich an die Orte in mir führt, die mir am wohlsten tun und die ich auch für diesen Tag brauche.

Denn manchmal ist es die Erdung, die wir brauchen, das klare und ruhige Dasein, manchmal ist es unsere Herzensgüte, die gefragt ist und die Sanftheit, die Raum gibt für alles, was in dem Moment ist.

Und manchmal ist es der klare Verstand.

Darüber hinaus sind diese drei Orte auch Orte der Zuflucht und Quelle, Quelle von innerem Frieden und tief empfundener Freude, zu der auch dich die Meditation mit ein bisschen Übung führen wird.

Namasté

4. Zwerchfell-Atmung

Die vierte Einheit des Kurses *Wege zum Glückdepot*. Sei ganz herzlich dazu willkommen.

Wir haben uns in den letzten drei Einheiten mit drei großen Atemräumen in unserem Körper beschäftigt, die auf einem feinstofflichen Energiekanal liegen, der vom Becken bis in den Kopf geht.

In der Meditation heute werden wir einen tieferen Atem integrieren. Vorab möchte ich gerne ein paar Worte zum Zwerchfell, um das es insbesondere in dieser Einheit gehen wird, sagen. Und vielleicht fragst du dich auch, was der Sinn und Zweck einer vertieften Atmung, also einer Zwerchfellatmung, in der Meditation ist. Auch dazu möchte ich gerne ein paar Worte sagen.

Zunächst zum Zwerchfell. Das Zwerchfell ist unser stärkster Atemmuskel. Er ist wie eine Kuppel zwischen unserer Brusthöhle und dem Bauchraum gespannt.

Durch eine Vertiefung der Atmung, der Zwerchfellatmung, erhöhen wir den Energiefluss im Körper. Das wiederum bewirkt, dass feinstoffliche Bahnen und Energiezentren in uns gereinigt und energetisiert werden, was einen großen Beitrag dazu leistet, dass wir innerlich ausgeglichener sind, umfassender wahrnehmen können, unsere Lebensfreude und unser Energieniveau steigen, nicht zuletzt der Frieden und die Weisheit, die uns zugrunde liegen, durchscheinen können.

Manchmal führt das sogar dazu, dass uns im wahrsten Sinne des Wortes innerlich ein Licht aufgeht.

Lass uns, bevor wir mit der eigentlichen Meditation beginnen, die Bewegung des Zwerchfells einmal etwas genauer unter die Lupe nehmen.

Dafür bitte ich dich, jetzt schon einen aufrechten Sitz einzunehmen. Die Oberschenkelansätze noch einmal nach hinten auszustreichen und dann das Steißbein sanft nach unten zu ziehen.

Nun schließ´ bitte ganz achtsam und langsam deine Augen.

Bring´ deine Aufmerksamkeit zu deinem Zwerchfell, also zu der kuppelförmigen Muskelplatte zwischen Brusthöhle und Bauchraum, die durch ihre Bewegung gut zu beobachten ist.

Beobachte für ein paar Momente dieses sich Senken und Heben.

Nun bitte ich dich, einfach mal nur daran zu denken, dass du deine Atmung vertiefen möchtest.

Wie wirkt sich dieser Gedanke auf die Bewegung des Zwerchfells aus?

In dem Moment, wo du nur schon daran denkst, tiefer zu atmen, wird die Bewegung des Zwerchfells intensiver und unterstützt deine Atmung dabei, tiefer in den Bauch zu strömen. Dadurch wird auch ganz automatisch die Ausatmung kraftvoller und die Energie strömt intensiver nach oben.

Beobachte das bitte noch einmal für einige Atemzüge.

.

Okay, und das war's eigentlich auch schon. Allein der Gedanke bewirkt, dass das Zwerchfell die Atmung und damit auch den Energiefluss im Körper verstärkt. Wenn wir das mit der Zeit immer bewusster und subtiler machen, intensiviert sich auch die Wirkung auf der feinstofflichen Ebene.

In welche Richtung die *subtilere* Arbeit gehen kann, möchte ich jetzt noch mit dir ausprobieren. Dafür stell dir jetzt bitte vor, wie die Einatmung diese dehnbare Kuppel nach unten schiebt. So wie bei einem Trampolin, das vom Sprung nach unten gedrückt wird, bevor es sich dann mit der Ausatmung wieder löst.

Spiel´ bitte für einige Atemzüge mit diesem Bild.

.

Also: die Einatmung drückt das Zwerchfell nach unten. Der Bauchraum schiebt sich nach vorne und ausatmend strebt das Zwerchfell, fast von der Ausatmung gezogen, wieder nach oben.

Das ist die *eine* Möglichkeit der Betrachtung.

Wir können aber auch noch in eine andere Richtung denken, in der nämlich das Zwerchfell der aktive Teil ist und die Einatmung nach unten einsaugt, um sie dann ausatmend nach oben zu schieben.

Mit diesem inneren Bild bitte ich dich, noch in deinem Rhythmus einige Atemzüge das Zwerchfell bei seiner Aktion zu beobachten.

.

Also: einatmend zieht das Zwerchfell den Atem tief nach unten und ausatmend schiebt das Zwerchfell die Atmung weit nach oben.

Hier wird das Zwerchfell also nicht von der Atmung bewegt, sondern das Zwerchfell ist der aktive Teil, der nach unten zieht und nach oben schiebt.

Okay, also: fürs Erste reicht es absolut aus, einfach daran zu denken, tiefer zu atmen. Sollte dir eine der beiden Varianten gut gefallen haben und dir liegen, dann wählst du diese für die Meditation.

Bitte erneuere jetzt eventuell noch einmal deinen Sitz um in eine bequeme, aufrechte Haltung zu kommen.

Das Steißbein zieht nach unten, was dich gut erdet.

Der Rumpf strebt weit nach oben, was dich aufrichtet.

Die Oberarme ziehen etwas nach hinten, wodurch die Hände auf den Oberschenkeln etwas dichter zum Rumpf kommen. Dadurch kann das Zwerchfell sich entfalten und der Brustkorb als Atemraum wird weit.

Die Krone des Kopfes ist der höchste Punkt.

.

Die Kiefergelenke sind gelöst.

.

Die Augenlider liegen glatt über den Augen.

.

Die Muskulatur rund um die Augen herum ist weit.

.

Die Schläfen ziehen etwas nach hinten, was den Blick nach innen bringt.

.

Dann bring jetzt deine Aufmerksamkeit bitte noch einmal zu deinem Zwerchfell und beobachte seine Bewegung.

.

Beobachte ganz entspannt und gelassen, wie es sich mit der Einatmung senkt und mit der Ausatmung wieder hebt.

Folge diesem feinen, gleichmäßigen Rhythmus.

.

.

Allein das hat etwas tief Entspannendes und Beruhigendes.

.

.

Mit der nächsten Einatmung bitte ich dich, den Atem nun, unterstützt vom Zwerchfell, tief nach unten ins Becken zu ziehen.

Ausatmend entlang einer Mittellinie, die fein durch die Mitte des Herzens geht, nach oben in den Kopf.

Einatmend tief nach unten ins Becken.

Ausatmend kraftvoll nach oben in den Kopf.

Und so lass nun den Atem vertieft entlang des Zentralkanals fließen.

.

Wenn dir eines der Bilder gefallen hat (dass entweder die Einatmung kraftvoll das Zwerchfell bewegt oder das Zwerchfell die Kraft ist, die die Einatmung weit nach unten zieht und die Ausatmung entlang des Kanals nach oben fliegen lässt), dann vertiefe mit einem dieser subtileren Bilder für eine kleine Weile deine Atmung.

.

.

.

So, nun mit der etwas vertieften Atmung fließen wir noch einmal durch die drei Atemräume:

mit der nächsten Einatmung dehnt sich der Beckenraum weit aus,

ausatmend nach oben ins Herz,

ein, Weite im Herzraum,

ausatmend, nach oben in den Kopf, einatmen hier.

Ausatmend zurück ins Becken, um sich erneut mit der Einatmung weit auszudehnen und ausatmen nach oben in die Mitte des Herzraums, an einen Ort, der dich anzieht, und von wo aus es sich mit der nächsten Einatmung weit ausdehnt,

um dann ausatmend nach oben in die Mitte des Kopfes zu steigen, auch wieder an einen Ort, der dich anzieht.

Ein, weite Ausdehnung im Kopf,

aus, zurück ins Becken.

Lass´ deine Aufmerksamkeit nun bitte in deinem Rhythmus so entlang des Zentralkanals von Atemraum zu Atemraum strömen.

Ganz sanft unterstützt vom Zwerchfell, mehr gedacht als getan.

.

Es ist das Sanfte, was hier das wirklich Kraftvolle ist.

.

.

Nun lass alles los.

Nach deiner stetigen, konzentrierten Lenkung der Aufmerksamkeit ist es jetzt still in dir geworden.

.

.

Ich gebe dir noch ein bisschen Zeit, an diesem herrlichen Ort, in diesem schönen Zustand, noch für eine Weile zu verweilen.

.

.

.

Nun lass´ den Atem langsam wieder tiefer werden und schicke ihn in deine Füße und deine Hände, hebe die Schultern nach oben und hinten,

und wenn du jetzt gleich deine Augen öffnest, bleibt ein Teil von deiner Aufmerksamkeit in dir an diesem herrlichen Ort, der ruhig, entspannt und zufrieden ist.

Namasté

5. Teilstrecken

Hallo und sei wieder ganz herzlich willkommen. Du hast in den letzten Einheiten die Werkzeuge bekommen, die du brauchst, um das Glücksdepot in dir zu finden. Die Werkzeuge sind - ich fasse sie nochmal zusammen:

Eine stabile, aufrechte, aber auch gleichzeitig bequeme Sitzhaltung,

die verbunden ist mit einer sanften und offenen inneren Haltung.

Dann haben wir die reine Atembeobachtung geübt, was allein schon eine lebenslange und erfüllende Praxis sein kann.

Nach einer kleinen Weile der Atembeobachtung haben wir uns einen groben Überblick über unsere innere Landschaft, also den drei Atemräumen und den Zentralkanal verschafft. Haben also mit unserer Aufmerksamkeit Bewusstsein ins Becken, ins Herz und in den Kopf gebracht und in den alles verbindenden Kanal.

Durch eine vertiefte Atmung, also die Zwerchfellatmung, haben wir dann die Energien in diesen Energiezentren und im Zentralkanal kraftvoller zum Fließen gebracht.

In dieser Meditation werde ich dich jetzt durch Teilstrecken deiner inneren Landschaft führen, von der jede ihre eigene individuelle Schönheit hat.

Was ich dir vorher gerne noch aus Erfahrung sagen möchte ist: Umso häufiger du diese innere Landschaft in dir, verbunden mit deinem Atem, erforschst, umso tiefer, umso mehr wirst du in die Schönheit, die darin steckt, eintauchen.

Das ist ein bisschen so wie mit einem Mikroskop, mit dem wir zuerst nur die groben Strukturen anschauen und uns noch nicht vorstellen können, noch gar nicht erkennen können, wieviel Schönheit und Vielfalt sich eröffnet, wenn wir immer tiefer hineinzoomen.

Um zu beginnen bitte ich dich nun, deine Oberschenkel wieder nach hinten auszustreichen.

Bevor wir uns jetzt weiter aufrichten, schaukle doch bitte einmal ein bisschen mit dem Becken vor und zurück und erforsche so die Berührungsfläche deines Körpers zu deiner Unterlage.

.

Wenn du das Becken nach vorne kippst, kommst du etwas mehr mit dem Schambein nach unten. Und wenn das Schambein nach oben geht, erdet das Steißbein.

.

Bitte erforsche nun einmal die Mitte zwischen Anus und Genitalien.

Direkt dazwischen befindet sich dein Damm. Lass diese dehnbare Fläche jetzt der tiefste Punkt sein, der den Boden berührt.

.

Genau hier beginnt der Zentralkanal.

.

Indem du das Steißbein jetzt ganz zart etwas nach unten ziehst, werden die Lendenwirbelsäule und der untere Rücken etwas länger. Probiere das mal ganz sanft aus. Ziehst du das Steißbein nämlich zu sehr nach unten, bleibt der Damm nicht der tiefste Punkt, der den Boden berührt. Und ziehst du gar nicht, ist die Lendenwirbelsäule nicht so durchlässig für die Energie, die von dort aus aufsteigen will.

.

Während dich das Becken jetzt gut erdet, zieh´ den Oberkörper einmal weit aus dem Becken nach oben heraus und lass´ alle vier Seiten deines Körpers lang werden.

Wenn die Oberarme nun noch etwas nach hinten streben, wird der Herzraum weit ... und vielleicht etwas heller.

Gerne kann dein Rumpf noch einmal um die Mittellinie des Körpers herum schwingen, um sich so ganz natürlich auszurichten ... bis dann der Kopf mittig über dem Becken bzw. die Krone des Kopfes direkt über dem Damm schwebt.

·

Und indem der Hinterkopf nun noch vom Gaumen ausgehend, in einer ganz feinen Bewegung nach hinten oben, wie in eine weiche Mütze hinein strebt, wird es noch einmal ganz subtil länger ... und schon jetzt ruhig.

Die Haut im Gesicht entspannt.

·

Die Augenlider werden ganz lang und glatt,

·

der Atem wird bewusst.

·

Etwas kühl, strömt er entlang der Nasenwände ein und warm und beruhigend weit nach außen aus.

·

Innere Bewegungen werden ruhiger.

·

Jede Einatmung bringt innere Weite.

Jede Ausatmung Klarheit und Ruhe.

·

Dann ist der Weg für den Atem frei. Durch die Nase, die Weite des Kopfes, fließt er nun in den Herzraum, der sich freudig ausdehnt … und ausatmend tief entspannt.

.

Einatmend wird der Raum unter dem Brustbein weit.

Ausatmend zieht es den Atem entspannend nach innen bis zu einem Ort, an dem die Ausatmung endet, und von wo aus es sich dann wieder in die Weite ausdehnt.

.

Mit Hilfe des Zwerchfells, das nun sanft nach unten strebt, wird der Atem tiefer.

Ausatmend zurück in die Mitte des Herzraums.

Eine tiefe Einatmung schiebt das Zwerchfell weit nach unten.

Mit einer langen Ausatmung steigt der Atem wieder ins Herz auf.

Einatmend zieht das Zwerchfell weit nach unten in Richtung Damm. Aus, entspannt, lösend nach oben ins Herz.

Vom Zwerchfell gezogen, einatmend weit nach unten zum Ort, wo der Zentralkanal beginnt.

Aus, entlang einer feinen Verbindungslinie zum Herz.

Folge für eine kleine Weile, nichts wollend und mit einer kleinen Portion Freude, diesem gleichmäßigen Schwingen zwischen Herz und Becken.

.

.

Nun lass deine Aufmerksamkeit bitte im Herzraum, um mit der nächsten Ausatmung das Bewusstsein in den Kopf fließen zu lassen.

Einatmend vom Kopf ins Herz und aus wieder in den Kopf.

.

Jede Einatmung wird vom Zwerchfell tief nach unten gezogen, wie ein Bogen, der sich spannt und dann, mit dem Lösen des Zwerchfells, als fliegt der Atem entlang einer Mittellinie ... nach oben in den Kopf. Und mit der nächsten Einatmung geht es entlang der Mittellinie zurück ins Herz.

Folge ganz entspannend diesem gleichmäßigen Rhythmus, diesem Schwingen zwischen Herz und Kopf und Kopf und Herz.

.

.

Indem die Atmung so zwischen Kopf und Herz schwingt, wird die Verbindungslinie bewusst energetisiert und beginnt vielleicht ein bisschen zu leuchten.

.

.

.

Mit der nächsten Einatmung zieht das Bewusstsein den Atem nun wieder bis nach unten ins Becken zum tiefsten Punkt, dem Ursprungsort des Zentralkanals ...

und ausatmend stupst der Atem von innen an den höchsten Punkt unter der Schädeldecke.

.

Fließe ganz entspannt und genüsslich mit der Atmung entlang des Energiekanals vom Kopf ins Becken und dann vom Becken wieder in den Kopf an den höchsten Punkt ... und wieder nach unten zum

Damm ... entlang der Verbindungslinie, die vielleicht als feiner heller Faden oder als Lichtsäule erscheint.

.

.

.

Lass deinen Atem nun wieder tiefer werden. Schick´ die Atmung bis in die Hände und Füße.

Atme tief ein und schicke ein Lächeln mit einer tiefen Ausatmung in jede Zelle deines Körpers.

Es ist, als wären die Zellen deines Körpers jetzt ganz offen, frei und rein, um dein Lächeln voll und ganz aufzusaugen ... und um zu einem einzigen Lächeln zu werden.

Ich wünsche dir einen wunderschönen, erfüllenden, friedlichen und glücklichen Tag.

Namasté

6. Erblühende Landschaften

Sei herzlich willkommen! Schön, dass du da bist.

Wir werden in der Meditation heute unsere innere Landschaft erblühen lassen, die wir ja schon in den letzten Einheiten begonnen haben zu erforschen.

Und damit möchte ich auch direkt beginnen.

Dafür finde bitte wieder einen guten Meditationssitz.

Streich' noch einmal die Oberschenkel nach hinten aus und dann zieh' sanft das Steißbein nach unten.

Einatmend, die Kontaktfläche wahrnehmen und sie ausdehnen und ausatmend mit ihr verschmelzen.

Mit der kommenden Einatmung nochmal ganz weit in der Kontaktfläche werden, und nun ausatmend nach oben wachsen.

Die Schultern streben etwas nach oben und hinten, und wenn du jetzt die Schlüsselbeine ebenfalls ein bisschen nach hinten rollst, entsteht so ein Gefühl, als würden sie beginnen zu lächeln. Dieses Lächeln überträgt sich auf dein Herz.

Während jetzt die Schultern oben auf dem Schulterdach etwas nach unten entspannen, strebt es gleichzeitig über den Nacken nach oben. Es entsteht viel Raum zwischen Schultern und Ohrläppchen.

Jetzt fließt die Energie weiter nach oben bis zur Krone des Kopfes und dann ganz sanft über das Gesicht zurück zum Gaumen.

Die Kiefergelenke sind entspannt.

Die Mundhöhle weit.

Die Zahnreihen berühren sich nicht mehr.

Nun bring deine Aufmerksamkeit bitte zu deiner Nasenspitze, um hier zu beobachten, wie der Atem ganz sanft ein und ausströmt.

.

.

Ganz interessiert und doch entspannt beobachte, wie der Atem mit jeder Einatmung etwas Kühle bringt. Und wie er warm und wohlig wieder durch die Nase nach außen strömt.

Nur für einen Moment ist die Aufmerksamkeit ganz sanft auf die Nase gerichtet und auf den feinen Atem.

.

Dann strömt der Atem etwas tiefer ein, durch den Kopf bis in den Bauch, der sich ausdehnt … und ausatmend entspannt.

Und so betrachte nun für eine kleine Weile, wie die Einatmung die Bauchdecke hebt …

und die Ausatmung sie senkt.

.

Ganz friedlich fließt der Atem in seinem Rhythmus und hebt und senkt ganz entspannend deine Bauchdecke.

.

Nun gleite mit deiner Aufmerksamkeit etwas nach oben in den Brustkorb und beobachte, wie er sich durch den Atem ausdehnt … und entspannend.

.

Ganz entspannt und zufrieden genieße es, in dieser reinen Atembeobachtung aufzugehen.

.

In der Beobachtung, wie sich der Brustkorb mit der Einatmung ausdehnt …

und mit der Ausatmung entspannend nach innen sinkt.

Es gibt für dich nichts zu tun, außer diese Zartheit in deinem Herzraum zu beobachten.

.

.

Mehr gedacht als getan, zieht das Zwerchfell den Atem etwas tiefer ein, damit es sich mit der Ausatmung tief entspannen kann.

.

.

Einatmend sanfter Zug des Zwerchfells nach unten,

ausatmend vollkommen glücklich und entspannt.

.

Nun stell dir vor, wie sich mit der Einatmung eine wunderschöne Blüte in deinem Herzraum öffnet …

um sich mit der Ausatmung wieder sanft zu schließen.

Einatmend, eine Öffnung bis unter die Schlüsselbeine … und ausatmend ein nach innen schließen. Hinein, zurück in den Kelch.

Stell dir diese feinen, zarten Blütenblätter vor, wie sie sich ganz langsam entfalten und zart von innen deine Schlüsselbeine berühren … und sich ausatmend wieder wohlig in den Kelch zurückziehen.

.

Wieder ist es eine sanfte Unterstützung des Zwerchfells, die das Öffnen und Schließen der Blüte unterstützt.

.

Indem das Zwerchfell sanft nach unten zieht, können sich die Blütenblätter weit nach oben und auseinander öffnen.

Und ausatmend ziehen Sie sich zurück, hinein bis an den tiefsten Punkt ... von wo aus sie sich mit der nächsten, unterstützten Einatmung wieder weit ausbreiten ... bis nach oben unter das Schlüsselbein.

.

.

Nun stell dir vor, wie sich im tiefsten Inneren des Kelches ein Licht zeigt. Ein Licht in Form einer Kerzenflamme. Eine wohlige Temperatur, ein sanftes, zartes Licht.

Von diesem Licht ausgehend, öffnet sich jetzt deine zarte Blüte in ihre volle Schönheit und zieht sich mit der Ausatmung zu diesem Licht zurück.

.

.

Und wenn jetzt das nächste Mal deine Blüte weit geöffnet ist, siehst du, wie von der Flamme in deinem Herzen ausgehend, ein Lichtstrahl nach oben in die Mitte deines Kopfes führt. Von wo sich nun mit der Einatmung eine Blüte öffnet ...

die sich, mit der Ausatmung tief in die Mitte deines Kopfes, in Richtung Gaumen zurückzieht

um sich dann, mit der nächsten Einatmung, voller Anmut in die Weite des Horizontes zu öffnen.

Durch den feinen Lichtstrahl ist die Blüte im Herzen mit der Blüte im Kopf verbunden und beide öffnen und schließen sich nun in einem synchronen Rhythmus.

.

Mit jeder Einatmung wird das Licht in der Mitte der Kelche immer heller und mit jeder Ausatmung leuchtender.

Und es ist, als würden sich die Blütenblätter jetzt über deine Körpergrenzen hinaus öffnen und mit ihnen das Licht, das aus ihrem Zentrum leuchtet.

.

.

.

Ich bitte dich, mit der nächsten Einatmung das Licht und die Blütenblätter wieder nach innen hineinzuziehen ...

und ausatmend von hier aus nochmal leuchten zu lassen.

.

Einatmend zieht es noch mehr nach innen, um ausatmend, so nun dichter, nach außen zu leuchten.

Noch einmal zieht es einatmend zum Ursprungsort des Lichtes

und mit der Ausatmung leuchtet es von hier aus weiter.

Es leuchtet in deine Füße und in deine Hände hinein, die sich jetzt ganz langsam wieder beginnen zu bewegen.

Der Atem wird tiefer.

Ein Lächeln entsteht, das sich mit dem Licht im ganzen Körper ausbreitet.

Und wenn du jetzt gleich deine Augen öffnest, dann ist es, als würde das Licht durch deine Augen in die Welt fließen. Das Licht, das deine wahre Natur ist, in seiner Qualität erfüllt von Frieden und von ganz fein schwingender Zufriedenheit.

Namasté

7.   Weg zum Licht: Der Gaumen

Sei ganz herzlich willkommen.

In dieser Einheit werden wir uns mit dem weichen Teil unseres Gaumens beschäftigen. Ich nehme an, es ist ein Ort, mit dem du dich noch nicht so intensiv befasst hast. Besonders nicht im Zusammenhang mit Meditation. Aber es ist ein Ort, der sich lohnt, ihn in den Fokus zu bringen.

Darum bitte ich dich, zunächst mit der Zungenspitze entlang des Gaumens nach hinten zu fahren, bis dahin, wo der Gaumen weich wird.

.

Um diese Gegend noch ein bisschen genauer zu erforschen, finde ich es ganz hilfreich, mal mit dem Finger entlang des vorderen Teils des Gaumens, dem festen Teil, nach hinten zu fahren und dann dieses weiche Segel zu ertasten.

Ich fand es tatsächlich ziemlich erstaunlich, wie groß dieser weiche Gaumen ist. In diesem weichen Teil deines Gaumens befindet sich ein Energiezentrum, das Talu Chakra genannt wird. Es ist eher unbekannt, aber ein enorm kraftvolles Portal zu einem Zustand oder Ort in dir, der erfüllt von Frieden und Ruhe ist. Dieser Zustand oder Ort zeigt sich durch ein Leuchten im Kopf.

Vielleicht braucht es ein bisschen, bis es aufleuchtet. Aber ob du es nun sehen kannst oder nicht, es ist in dir vorhanden und früher oder später wird es sich zeigen.

Das bringt mich zu etwas, was ich gerne noch sagen möchte. Dieser Weg braucht etwas Zeit. Du wirst vielleicht noch nicht in den ersten Meditationen so tiefe Erfahrungen machen. Oder du machst sie direkt am Anfang und dann lassen sie bis zum nächsten Mal wieder eine ganze Weile auf sich warten, was ganz normal ist!

Darum ist es so wichtig, dass dir die Technik an sich, wie etwa die Zentralkanal-Atmung, Freude bereitet oder es dir allein schon Freude bereitet, dich auf einen inneren Fokuspunkt, wie, z.B. heute auf den Gaumen, zu konzentrieren. Nur wenn du an dem Weg selbst Gefallen findest, wirst du weiter meditieren.

Das ist so wie bei einem Weg, der zu einem schönen Ort führt, aber ein bisschen weiter weg ist. Wenn du den Weg genießt, macht es dir nichts aus, wenn du nicht jedes Mal bis ans Ziel gelangst. Allein die Schönheit des Weges ist es wert, ihn jeden Tag ein paar Schritte zu gehen.

Wenn du magst, dann gehen wir jetzt gemeinsam los.

Dann bitte ich dich, einen guten, aufrechten Sitz zu finden. Erzeuge zuerst einmal tief in deinem Herzen den Wunsch, dich hinein versenken zu *wollen* in diese innere Landschaft in dir. In diesen Ort, der so viel Schönes für dich bereithält, wenn dein Wunsch, deine Sehnsucht danach, intensiv und groß ist.

Wenn du nun mit diesem Feuer in deinem Herzen einen guten, aufrechten Sitz gefunden hast, bitte ich dich, mit einem sanften Lächeln auf den Lippen deine glatten Augenlider über deine Augäpfel zu ziehen und den Blick nach innen zu richten.

.

Einatmend lass die Kontaktfläche deines Körpers auf dem Stuhl, auf dem Boden oder dem Kissen satt und weit werden ... und stell dir vor, wie du ausatmend dein Gewicht an den Boden und an die Sitzunterlage abgibst.

Mit der nächsten Einatmung wird noch einmal die Kontaktfläche des Körpers auf der Unterlage weit und satt ...

und nun ausatmend bitte mit dem Oberkörper weit nach oben wachsen und bis zur Krone des Kopfes lang und aufrecht werden.

.

Durch ein ganz feines Schwingen der Wirbelsäule, vor, zurück und zu den Seiten, richtet sich der Kopf direkt über dem Becken aus.

.

Dann atme einmal entlang deiner Mittelachse nach unten ins Becken zu dem Punkt, wo dein Zentralkanal beginnt, zum Damm ...

und ausatmend gerade nach oben bis zur Krone des Kopfes.

Noch einmal an dieser Mittellinie entlang tief einatmen,

und von hier aus ausatmend nach oben bis zur Krone des Kopfes denken.

.

Bitte bring´ jetzt einmal deine Aufmerksamkeit zu der Kleidung auf deiner Haut.

.

Nimm diese Berührung als zarten Kontakt wahr und schmilz dort ein wenig hinein.

.

Nun nimm die Berührung der Luft auf deiner Haut im Gesicht wahr, diese vielleicht leichte Kühle. Gebe dich auch dieser sanften Berührung hin.

.

Du wirst beobachten, dass mit dieser Hingabe die Haut in deinem Gesicht ganz glatt und weit wird und sich über die äußere Entspannung der Haut auch dein Inneres löst und weit wird.

Jeder Zentimeter der Haut im Gesicht genießt diesen zarten Kontakt zur Luft.

.

.

Nun nimm die Berührung des Atems in deiner Nase wahr.

Ganz sanft streicht die Luft an den Nasenwänden entlang.

Ganz kühl in der Einatmung und warm mit der Ausatmung.

.

Zunächst beobachte für eine kleine Weile deinen friedlich fließenden Atem, ohne ihn in irgendeiner Weise verändern zu wollen.

.

.

Fühl den Atem, so intensiv es dir möglich ist, wie er jetzt durch deinen Körper weht.

.

.

Indem das Zwerchfell nun sanft etwas nach unten zieht, fließen Bewusstsein und Atem tief nach unten ins Becken,

und ausatmend fließt es nach oben ins Herz.

Einatmend Ausdehnung hier

und ausatmend von hier in die Mitte deines Kopfes.

Einatmend dehnt es sich von der Mitte deines Kopfes weit aus, um dann ausatmend zurück ins Becken zu sinken.

Einatmend weite Ausdehnung hier

und ausatmend nach oben ins Herz, an einen Ort, wo es dich hinzieht und von wo es sich dann freudig wieder weit in alle Richtungen ausdehnt ...

um dann mit der nächsten Ausatmung von der Mitte des Herzens nach oben in die Mitte des Kopfes aufzusteigen.

Der ganze Kopf wird innerlich weit mit der Einatmung

und ausatmend fließt es wieder zurück ins Becken.

Jetzt beginnt es, sich in die Rückseite und dann in die Seiten und nach vorne weit auszudehnen. Von hier aus geht es so, ein bisschen mehr über die Rückseite, nach oben ins Herz und die Rückseite des Herzens dehnt sich zuerst weit in den Raum hinter dir aus.

Dann geht es von hier aus nach oben in den Kopf.

Mit der Einatmung dehnt sich dein Hinterkopf nach hinten in die Weite aus und nimmt dann den ganzen Kopf mit in die Ausdehnung.

Ausatmend zurück ins Becken.

So bitte ich dich, einige Atemzüge den Atem auf diese Weise nach oben aufsteigen zu lassen, mit dem Blick etwas mehr auf die Ausdehnung der Rückseite.

.

.

Wenn du jetzt im Kopf angekommen bist, bitte ich dich, deine Aufmerksamkeit zum weichen Teil deines Gaumens zu bringen.

Für eine kleine Weile beobachte, wie der Atem hier entlang streift.

Umso klarer der Fokus auf dem weichen Teil deines Gaumens liegt, umso mehr wird sich die Einatmung nach oben in den Kopf ausdehnen und ausatmend sanft auf den weichen Gaumen sinken.

.

.

Es entsteht ein ganz natürliches Pulsieren in deinem Kopf.

.

Einatmend vom Gaumen ausgehend, Ausdehnung in den Kopf hinein bis unter die Schädeldecke und ausatmend entspannt es zurück zum Gaumen.

.

Gib dich immer mehr diesem Pulsieren hin.

.

.

Es kann hier und da etwas aufscheinen. Es kann der Eindruck entstehen, als würde von den Seiten Licht einströmen.

Oder es sind Lichtpunkte oder Lichtschleier, die sich vor deinem inneren Auge zeigen, oder es ist die Stimmung beim Morgengrauen, kurz bevor die Sonne am Horizont erscheint.

Überlass dich völlig dem Geschehen und entspanne dich tief.

.

.

Vielleicht wird es immer stiller und ruhiger in dir.

Dein Geist hat einen Ort gefunden, an dem er zur Ruhe kommt.

.

.

.

Dann bitte ich dich, den Atem jetzt langsam wieder tiefer werden zu lassen und ihm vom Kopf bis in den Beckenraum zu folgen und ausatmend geht es wieder zurück in den Kopf und du wächst noch einmal über dich hinaus.

Einatmend tief in den Becken und Bauchraum atmen und lächelnd ausatmen.

.

Mit etwas Praxis zeigt sich das Licht jeder/m von uns, uneingeschränkt jedem, weil es in jeder/m von uns vorhanden ist.

Die größte Unterstützung, die du dir selbst geben kannst, ist deine Aufmerksamkeit im Laufe des Alltags immer wieder zurück zum Gaumen zu bringen.

So wünsche ich dir jetzt einen schönen und erfolgreichen Tag.

Namasté

8.   Tropfen

Sei ganz herzlich willkommen.

Die Meditation, die gleich folgt, fügt zwei innere Bewusstseinsräume zu einer inneren Landschaft zusammen. Du kannst dich auf eine tiefe, beglückende Meditation freuen.

Dafür bitte ich dich wie immer, einen bequemen, aufrechten Sitz einzunehmen.

Streich´ auch heute wieder die Oberschenkel nach hinten aus und dann zieh´ sanft das Steißbein nach unten, so dass der untere Rücken lang wird, das Steißbein nach unten erdet und gleichzeitig die Wirbelsäule sich ganz natürlich nach oben aufrichten kann.

Heute bitte ich dich, deinen Blick durch den Raum gleiten zu lassen. Schau dir die Gegenstände an, die du siehst und stell dir vor, dass alles, was du siehst, dir auf feine Weise zulächelt und dir Unterstützung zusagt.

.

Nun selbst lächelnd und wissend, dass du in dieser Meditation wohlwollend unterstützt wirst, schließe nun ganz sanft lächelnd die Augenlider mit einer aus dem Herzen kommenden Absicht, dich liebevoll nach innen wenden zu wollen.

Dann bring´ jetzt bitte deine Aufmerksamkeit in die Kontaktfläche deines Körpers zur Unterlage.

Ganz fein beobachtend richte dein Becken nun so aus, dass dein Perineum, also dein Damm, der tiefste Punkt deines Beckens ist. Der tiefste Punkt, der mit deiner Sitzunterlage und damit auch mit dem Boden unter dir, in Kontakt ist.

.

Die Einatmung schiebt diesen kleinen, dehnbaren Ort nun sanft nach unten, etwas tiefer hinein in den Boden und mit der Ausatmung ist es, als würden Körper und Boden sich in der Kontaktfläche ineinander verweben.

Noch einmal schiebt die Einatmung nach unten ins Perineum und drückt es etwas hinein in den Boden ...

und ausatmend, wie von einem gespannten Bogen gelöst, nach oben unter die Schädeldecke.

Einatmend, noch einmal *tief* nach unten ins Becken.

Ausatmend, durch den Zentralkanal, durch das Herz hindurch nach oben unter die Schädeldecke ...

und mit der Einatmung zurück ins Becken.

So, nun gut geerdet und gleichzeitig kraftvoll nach oben aufgerichtet, bring´ deine Aufmerksamkeit zur sanften Berührung der Kleidung auf deiner Haut.

.

Einatmend dehnst du dich von innen etwas aus

und ausatmend entspannt sich die Haut unter dem leichten Druck der Kleidung ... so als würde die Kleidung sich sanft auf den nach innen sinkenden Körper ablegen.

.

.

Leichte Kühle der Luft auf der Haut in deinem Gesicht.

Mit der Ausatmung ist es, als würde die Wärme der Haut hinein in die kühle Luft strömen.

.

Nun richte deinen Blick auf die Empfindung des Atems in deiner Nase. Nimm die zarte Berührung des Atems in und an deinen Nasenwänden wahr.

.

Beobachte, wie dein Atem durch die Nase ein- und ausströmt und dabei entlang des weichen Gaumens fließt.

.

Während dieser zarten Berührung des Atems entsteht hier eine ganz feine Empfindung. Tauche in diese Empfindung ein.

.

Schau, wie sich der Atem jetzt vom weichen Gaumen ganz natürlich nach oben in den Kopf ausdehnt.

Und ausatmend zurück auf den Gaumen sinkt.

.

.

Nun beginnt der Atem, einen subtileren Weg zu nehmen.

Er fließt vom Gaumen aufsteigend durch die Mitte des Kopfes zum höchsten Punkt unter der Schädeldecke

und ausatmend tropft es zurück in die Mitte des Kopfes, wo es sich jetzt in alle Richtungen ausdehnt.

.

.

Einatmend vom Gaumen nach oben, durch die Mitte des Kopfes bis unter die Schädeldecke, die von unten angestupst wird, um dann mit der Ausatmung von hier nach unten zu tropfen, in die Mitte des

Kopfes, die sich im Verlauf der Ausatmung weit in alle Richtungen ausdehnt.

Einatmend nach oben, das Schädeldach berührend, ausatmend tropft es in die Mitte des Kopfes und fließt in die Weite.

.

Entspann dich hinein in die Ausdehnung, die von der Mitte deines Kopfes ausgeht und alle vier Seiten deines Kopfes erfüllt.

.

.

Nun fällt der Tropfen mit der Ausatmung durch den weiten Raum des Kopfes in die Kehle und dehnt den Bewusstseinsraum in der Kehle aus.

.

Einatmend vom Gaumen wieder nach oben

und ausatmend fließt das Bewusstsein, wie in einer Flüssigkeit eingebettet, nach unten in die Kehle. Dort angekommen, breitet es sich zart in den Nacken und in den Raum des Halses aus.

.

Mit jeder Ausatmung dehnt sich das Bewusstseinsfeld durch den Hals, durch den Nacken in die Weite aus und nimmt gefühlt den Körper mit in diese Ausdehnung.

.

Einatmend vom Gaumen nach oben und ausatmend, nun bis ins Herz fließend.

Mit der Einatmung steigt eine zarte Süße aus dem Herzraum nach oben auf.

So fließt für eine kleine Weile das Bewusstsein vom Gaumen nach oben unter den Kopf und dann in den Herzraum, wo es sich am Ende der Ausatmung in alle Richtungen ausdehnt

und mit der Einatmung steigt die zarte süße Empfindung des Herzraumes bis nach oben, in den Kopf auf.

.

.

Die Räume, durch die der Atem fließt, gehen immer mehr ineinander über.

Was bleibt, ist ein zartes Streben nach oben mit der Einatmung und eine Ausdehnung in die Weite des Bewusstseins mit der Ausatmung ... die jetzt erfüllt ist mit der zarten, warmen Empfindung des Herzens.

.

.

.

Wenn du noch eine Weile sitzen bleiben möchtest, dann sind diese Worte nichts weiter als Klang in deinem inneren Raum.

Wenn du die Meditationen hier beenden möchtest, beginne sanft, tiefer zu atmen.

.

Tiefer zu atmen und dir vorzustellen, wie der weite Raum deines Bewusstseins sich nach innen verdichtet und vom Körper liebevoll umhüllt wird.

Dieser Körper ist Energie. Dieser Körper ist verdichtetes Bewusstsein, das in seiner Essenz von warmer Güte erfüllt ist.

Im Spiel des Lebens verschleiert sich das und so darf es auch sein, sonst gäbe es den Genuss, die Erfahrung der Freude nicht, die entsteht, wenn es dann und wann aus der Tiefe unseres Glücksdepots aufscheint und uns wie warmes Sonnenlicht durchströmt.

Und so wünsche ich dir einen Tag, an dem du erfüllt bist von der Wärme des Lichtes in dir.

Namasté

9.   Weg zur Quelle

Sei wieder ganz herzlich willkommen.

Diese Meditation bringt dich zu einem weiteren Tor, das nicht nur Portal zum Glücksdepot in dir ist, sondern auch der Ort ist, an dem du verbunden bist mit deiner tiefsten Intuition und Weisheit.

Ich bitte dich mit allem, was du inzwischen gelernt hast, dich gut geerdet und in einer aufrechten Haltung hinzusetzen.

Ein Sitz, der würdevoll ist und gleichzeitig so bequem, dass die Freude deines Herzens durchscheinen kann.

Nun lass aus dieser Freude in deinem Herzen den Wunsch, das Sehnen aufsteigen, dass sich die in dir wohnende Quelle für Weisheit und Intuition offenbaren möge.

.

Mit der Einatmung lass´ nun die Kontaktfläche deines Körpers zu deiner Unterlage ganz satt und weit werden

und ausatmend schiebt der Kopf wohlig nach hinten oben.

Die Einatmung fließt durch den Körper in den Boden.

Die Ausatmung stupst unter die Krone deines Kopfes und schiebt sie vergnügt nach oben.

Noch einmal: Einatmend eins werden mit der Erde

und ausatmend beschwingt nach oben wachsen.

.

Und nun, mit der Unterstützung des Zwerchfells, lasse einen tiefen Atem einige Male den Mittelkanal entlang vom Perineum zur Krone deines Kopfes strömen.

.

Die Feinheit, mit der du den Atem führst, ist kostbarer als die Anzahl der Atemzüge.

.

.

Lasse jetzt den Atem in seinem Rhythmus fließen.

.

Während der Atem so ganz entspannend und frei fließt,

entspannt auch deine Kopfhaut.

Es entsteht Raum zwischen deinen Augenbrauen

und der Nasenraum wird weit.

Der Unterkiefer lässt los und

der weiche Gaumen strebt etwas nach oben und formt einen Dom bis unter die Schädeldecke und zieht so ganz sanft den Körper noch einmal etwas nach oben.

Nimm wahr, wie der Atem durch die Nase ein- und ausströmt und dabei ganz fein entlang des weichen Gaumens fließt.

.

Beobachte die Empfindung, die hier entsteht.

.

Langsam strömt die Einatmung durch die Nase entlang des weichen Gaumens, durch die Mitte des Kopfes, bis unter dein Schädeldach,

um mit der Ausatmung zurück zum weichen Gaumen hin zu entspannen.

Einatmend durch die Nase entlang des Gaumens zur Region unter der Krone deines Kopfes,

ausatmend hinein in die Empfindung, die hier entsteht.

Immer wieder einatmend durch die Nase, entlang des Gaumens, durch die Mitte des Kopfes, an den Punkt unterhalb der Krone deines Kopfes ... der immer mehr aufscheint und sich mit der Ausatmung ausdehnt.

.

.

Stell dir nun hier unterhalb der Krone deines Kopfes einen silbernen Mond vor. Im Feinstofflichen ist er das Symbol des stillen Geistes.

Der Glanz dieses silbernen Mondes erscheint sowohl unterhalb der Krone deines Kopfes als auch darüber.

Es ist nicht nötig, dass du diesen silbernen Mond deutlich vor deinem inneren Auge siehst. Aber vielleicht kannst du seinen Glanz, sein Licht erahnen.

.

Vielleicht entsteht auch eine Empfindung in Form von Kribbeln oder Pulsieren, vielleicht auch in Form von Druck.

.

Kraft deines Geistes dehnen sich alle Empfindungen immer mehr aus und werden immer durchlässiger.

.

Jede Einatmung lässt dieses kühlende Licht ein wenig mehr aufscheinen

und mit jeder Ausatmung dehnt sich die Empfindung aus.

.

Vielleicht nimmst du wahr, dass der Glanz des Halbmondes oder die Empfindung über die Krone deines Kopfes hinausgeht und sich so in deinen feinstofflichen Körper hinein ausdehnt.

.

Halte nun bitte deine Aufmerksamkeit etwas über der Krone deines Kopfes ... am obersten Rand des Glanzes oder der Empfindung über deinem Kopf

.

von hier aus geh mit deiner Aufmerksamkeit etwa fünf Zentimeter nach hinten, also etwas hinter deinen Kopf, und von hier aus circa 20 Zentimeter nach oben.

Hier, etwas hinter und über deinem Kopf, ist ein Ort fein schwingender Energie.

.

Während die Einatmung nun vom Gaumen nach oben zu dieser Energie strömt und ausatmend zurück zum Gaumen fließt,

bitte nun mit einem tief aus deinem Herzen kommenden Wunsch darum, dass sich dir diese Präsenz in ihrem Licht zeigen möge,

dass das Licht dieser dir liebevoll zugewandten Energie in dein Herz strömen möge.

Mit deiner Bitte erlaubst du der Energie, sich dir zu zeigen.

.

Ein Licht, das nicht nur über der Krone deines Kopfes leuchtet, sondern viel größer ist als du und von dem du förmlich umhüllt bist.

.

Du sitzt in diesem Licht.

.

Du sitzt im Licht deiner Quelle.

.

Jede Einatmung strebt zum Licht und mit jeder Ausatmung ergießt sich das Licht in dich hinein.

So, dass du jetzt nicht nur in den Strahlen dieses Lichtes sitzt, sondern auch von innen heller wirst, von innen beginnst, *selbst* zu leuchten.

.

.

Innen und außen werden eins.

.

Das äußere Licht ist das gleiche Licht, das in dir leuchtet

und das jetzt in einem sanften Rhythmus aus sich selbst heraus pulsiert.

.

.

.

Indem du nun langsam wieder den Atem vertiefst, wird aus dem einen Licht wieder zwei.

Das Licht über der Krone deines Kopfes leuchtet weiter,

und das Licht in dir wird umhüllt und gehalten von deinem Körper, der langsam wieder in deinem Bewusstsein erscheint.

Die Haut, die Muskeln, die Knochen, die alle nun ein wenig nach innen ziehen und langsam beginnen, sich zu bewegen.

.

Die Schultern streben einmal nach oben und hinten und nehmen auch die Mundwinkel mit in die Weite.

Noch einmal glücklich tief ausatmend entspannen und noch einmal weit nach oben hinauswachsen.

.

So, gestärkt und verbunden mit der tiefsten Quelle deiner Intuition und Weisheit, wünsche ich dir einen Tag, an dem du aus dieser Quelle heraus handelst und deine Entscheidungen triffst.

Namasté

10. Weg zum inneren Frieden

Sei ganz herzlich willkommen zur zehnten und letzten Einheit unseres Kurses, bei dem es um Wege zum Glücksdepot geht.

Ich gratuliere dir von ganzem Herzen! Auch wenn du es selbst noch nicht weißt, bist du jetzt so vertraut mit den Meditations-Methoden, dass du eigenständig, ohne Anleitung, sitzen kannst.

Ich empfehle dir zu Beginn einer Meditation, dich an diese Methoden zu halten. Das heißt: einen guten, aufrechten Sitz zu finden und eine liebevolle und hingebungsvolle innere Haltung zu kreieren.

Dann für einige Momente den Atem zu beobachten, entweder an der Nase oder an der Bauchdecke.

Anschließend eine kleine Weile den Zentralkanal entlang von Atemraum zu Atemraum fließen. Wobei du dich hier natürlich auch eine Weile bei einem Atemraum aufhalten kannst. Folge Deiner Intuition, wohin es dich zieht.

Wenn du merkst, dass dich die Technik in einen Zustand der Fokussierung gebracht hat und Gedanken nur noch leise im Hintergrund hörbar sind, erlaube der Energie, dich weiter in die Tiefe zu tragen. Du hast hier Handwerkszeug erlernt, das sehr hilfreich ist, um dich in einen Zustand der Konzentration zu führen. An der Schwelle, wo die Konzentration in die Meditation übergeht, lass einfach noch mehr los.

Nimm von dieser Phase an nur noch die einströmende Energie wahr und gebe dich ihr aus tiefstem Herzen hin.

So bitte ich dich nun, dich gut zu setzen. Gut geerdet und von innen aufgerichtet. Äußerlich stabil. Innerlich weit im Herz.

Atme nun bitte eigenständig einige Runden den Zentralkanal entlang, um von Atemraum zu Atemraum zu fließen.

.

Sollten dich Gedanken davontragen, registriere das liebevoll und hole sie ganz freundlich wieder zurück zum Zentralkanal. Bitte deinen Geist, dich bei dieser Betrachtung zu unterstützen.

.

.

Nun bitte ich dich, mit einer Hand an deinen Hinterkopf zu fassen und hier das Grübchen zu tasten, das an der Stelle ist, an der die Wirbelsäule in den Kopf übergeht.

Spüre in dieses Grüppchen hinein und massiere es ein bisschen, während du den Kopf auf und ab bewegst.

.

Hier an diesem Ort, in dieser Region, befindet sich auch unser Hirnstamm, der älteste Teil unseres Gehirns.

Dies wird der Ort sein, mit dem wir uns in dieser Meditation beschäftigen.

.

Bitte leg' deine Hand jetzt wieder auf den Oberschenkel zurück und nimm eine *Vorfreude ausstrahlende Haltung* ein.

.

Die Augenlider liegen glatt über den Augen.

Die Kiefergelenke sind gelöst.

.

Die Haut des Gesichtes ist ganz glatt und weit und du nimmst für einen Moment die sanfte, wohlwollende Berührung der Luft auf deiner Haut wahr.

.

Nun fließt die Aufmerksamkeit zu deinem Atem, der diese wohlwollende Berührung der Luft jetzt in deinen Körper hineinträgt. Es ist ein *sich hinein geben* in den Atem und in die subtilen Ebenen unseres Seins.

.

Bring´ jetzt bitte deine Aufmerksamkeit zu dem Endpunkt deiner Wirbelsäule, an den Übergang von Wirbelsäule in den Schädel, an die Stelle, die wir gerade berührt haben.

.

Atme jetzt in diesem Ort ein und aus.

.

Einatmend dehnt sich der Bereich im Hinterkopf, am Hirnstamm, aus. Ausatmend ist es ein *sich hinein entspannen* in diesen Ort im Kopf, der der älteste Teil unseres Gehirns ist.

.

Einatmend Ausdehnungen,

ausatmend Entspannung.

.

Dann bitte ich dich, von hier aus entlang deiner Rückseite nach unten einzuatmen, tief ins Becken … und vom Becken ausatmend nach oben, zurück zum Hirnstamm.

Einatmend entlang der rückwärtigen Linie nach unten ins Becken und ausatmend nach oben in den Hinterkopf.

Eine Weile folge dieser Energiebahn in deinem eigenen Atemfluss.

.

.

Wenn nun die Einatmung durch den Körper nach unten in die Erde gehen möchte, erlaube ihr das.

Möglicherweise entsteht ein inneres Bild von einer Verbindungslinie vom Hirnstamm entlang deiner Rückseite, tief nach unten in die Erde, von wo es ausatmend wieder nach oben bis in den Hinterkopf geht.

Stell dir jetzt vor, dass du dich dort, wo auch immer deine Atmung in der Erde angekommen ist, gut verankerst.

Du kannst dir vorstellen, dass diese feine, helle Linie, die von deinem Hinterkopf ausgeht, entlang deiner Rückseite in die Erde führt, sich dort um eine Öse im Felsen wickelt ... und dann von hier aus, gut befestigt nach oben, wieder in die Mitte des Hinterkopfes fließt.

.

Bleibe nun mit deiner Aufmerksamkeit am Hinterkopf und atme noch einige Male ein und aus.

.

Nun fließt die Ausatmung nach oben an einen Punkt unter der Schädeldecke,

einatmend zurück zum Hirnstamm.

Der Punkt, zu dem die Ausatmung fließt, ist etwas näher am Hinterkopf, also zwischen Hinterkopf und der Krone des Kopfes.

Einatmend zum Hirnstamm und

ausatmend von hier aus nach oben zur Schädeldecke.

.

Erlaube dem Atem, zwischen diesen beiden Orten seinen Weg zu finden. Der Atem und die fließende Energie klären feinste Energiebahnen.

Gebe dich mit jedem Atemzug mehr hinein in diesen Prozess.

.

.

Einatmend zum Hirnstamm.

Ausatmend zum Punkt unterhalb der Schädeldecke.

.

.

Wenn die Ausatmung jetzt dazu drängt, über die Schädeldecke hinauszugehen, über deinen Körper hinauszugehen, dann erlaube ihr das und lass´ sie hineinfließen in deinen feinstofflichen Körper...

bis zu dem Ort, wo du das Ende der Ausatmung noch ganz fein wahrnehmen kannst. Das ist ein Ort, der sich noch innerhalb deines (feinstofflichen) Körpers befindet.

.

Einatmend zurück zum Endpunkt der Wirbelsäule am Hinterkopf,

ausatmend nach oben, bis zum Ort am Ende der Ausatmung über deinem Kopf.

.

Ganz entspannt.

Leicht.

Frei und gelöst.

.

Erlaube dem Atem, der jetzt langsam immer feiner wird, seinen Weg zu finden. Du legst dich förmlich mit deiner sanften Aufmerksamkeit auf diesen feinen Atem, der innerhalb feinster Energiebahnen strömt.

.

Dieser Ort, dieser Raum, zwischen unserem Hirnstamm, im hinteren Teil unseres Kopfes, und dem Punkt am Ende der Ausatmung, über der Krone unseres Kopfes, ist ein stiller Raum.

.

Er ist leer und ruhig.

.

Diese Ruhe überträgt sich auf den ganzen Körper.

.

Die Einatmung trägt die Ruhe bis in den Herzraum.

Die Ausatmung fließt zum Rand des subtilen Körpers und dann dehnt sich die Ruhe bis zum Becken und im ganzen Körper weit aus.

.

.

Lass nun alles los, kein Lenken mehr, keine Richtung.

Erlaube der Energie, frei durch diesen stillen Raum zu gleiten.

.

Umso mehr du dich dieser Energie hingibst, umso freier kann sie durch den Raum der Stille gleiten und erhellen.

.

Dann lass´ jetzt bitte den Atem ganz langsam wieder tiefer werden.

.

Atme noch einmal entlang der Linie von deiner Verankerung im Boden bis zum äußersten Rand der Ausatmung.

Zieh´ nun mit der Einatmung die Endpunkte wieder in den Körper hinein.

Setze einatmend einen Anker im Becken,

ausatmend, nach oben, aber jetzt nur noch bis unter die Schädeldecke.

.

Atme nun einige Male innerhalb des Körpers vom Becken bis unter die Schädeldecke tief ein ... und ausatmend in die Hände und die Füße.

.

Die nächste Einatmung lässt ein Lächeln entstehen, das langsam durch die sich öffnenden Augen nach außen fließt.

.

Vielleicht kannst du wahrnehmen, dass der Raum um dich herum in der gleichen Stille gebadet ist wie du ... und er di´ freundlich zulächelt!

Ich wünsche dir von ganzem Herzen alles erdenklich Gute.

Namasté

Möge unser Handeln

dem Wohle aller Wesen dienen.